PAJAS,

de Ricardo Martí Ruiz

Estimada Celeste Mattina,

Tu amiga Vanessa te regaló este libro. Trata de perdonarla.

R.

Créditos editoriales

Copyright © 2015

Prohibida la reproducción total o parcial de esta obra por cualquier medio técnico, mecánico o electrónico sin previo permiso escrito por parte del autor.

Publicaciones Puertorriqueñas actúa como impresor y no se responsabiliza ni se solidariza necesariamente con el contenido ni con cualquier otro derecho de autor que pudiera estar relacionado con esta obra.

© Ricardo Martí Ruiz

ISBN 978-1-62537-095-2

Producido e impreso en:
Publicaciones Puertorriqueñas, Inc.
Calle Mayagüez 46
Hato Rey, Puerto Rico 00919
Tel. (787) 759-9673   Fax (787) 250-6498
www.ppeditores.com
servicio@ppeditores.com

Derechos de Autor
La Ley de Derechos de Autor (Título 17, Código de los Estados Unidos) controla el fotocopiar u otras formas de reproducción de material con Derechos de Autor.
Sección 107: Limitaciones en el derecho exclusivo: Uso justo - punto 4 - Se señala que de haber un efecto sobre el mercado potencial o el valor del trabajo con derechos de autor se estará violentando la ley.
Sección 108: Limitaciones en el derecho exclusivo: Reproducción por las bibliotecas y archivos - inciso G: El derecho de reproducción y distribución se extiende a la reproducción o distribución aislada y sin relación a una sola copia del mismo material en ocasiones separadas, pero no se extiende a los casos donde la biblioteca o los archivos, o su empleado reproduce o distribuye sistemáticamente copias solas o múltiples.

NOTA ACLARATORIA
En este texto, se omite la repetición de las formas gramaticales del tipo el/la, los/las, un(as), niño(a), este(a), u otros, por las siguientes dos razones, una científica y otra práctica.
1. Estas formas son elementos clasificadores de la lengua y expresan género lingüístico femenino y masculino, clasificación que afecta a todos los sustantivos del español y que no debe identificarse con el género (macho/hembra) de los seres vivos.
2. La repetición de estas formas lingüísticas complica la lectura del texto, rompe la estética de la impresión y no beneficia la comprensión del mensaje.
La ausencia de estas repeticiones lingüísticas no debe interpretarse como crítica indirecta a quienes las practican, ni tampoco como signo de identificación con actitudes machistas de ningún tipo.

Para Marialex, ella sabe.

Antes que nada:

Nadie puede negar que la vida es un gran misterio. Viene cundida de todo tipo de disparates. Están por todas partes en cada segundo de cada día. Pero el mejor ejemplo de todos, y del más agradecido que estoy, lo encuentras en los senos de una mujer. Son absolutamente suculentos y divertidos, en particular la manera en que se comprimen los pezones con tan solo hacerles un poquito de cosquillas. Es una experiencia mucho más gratificante que jugar con un moriviví, y mucho más íntima que hasta la mejor obra de arte; por eso nadie se masturba mirando a Las Meninas, por ejemplo.

Pero al considerar lo que son: nada más que dos acumulaciones de grasa dentro de unas cavidades en el pecho, lo mismo que dos bolsas llenas de mantequilla, hay que reconocer que su poder es exagerado, y que la dominación que ejercen sobre la mitad de la población es una incoherencia innegable. Sublime y ridículo a la vez, la existencia de este fenómeno genera un fabuloso sinsentido constante que resulta ser tan perturbador como lo es irresistible, y que nos cautiva por completo, sin falta, fácilmente, por más inexplicable que sea.

Si la lectura de estos relatos aproxima esa sensación, habré hecho bien mi trabajo. Espero que la disfruten.

Desesperadamente,
Ricardo Martí Ruiz

AMOR EN EL SIGLO XXI. 8

EL GRAN CUENTITO. 10

NATURALEZA 12

EL *BRIEF* DE HOY. 16

LA RASURADORA. 20

DE NOCHE EN VONDEL. 24

MUNCHAUSEN. 28

LA MUELA. 32

BUENO PAPÁ 37

LA MISA ATEA 42

DIOS REGRESA. 48

LA NUEVA BANDERA. 56

LAS MUJERES DEL TOGO. 62

EL AMANTE QUE FUERA. 68

EL CRIMEN DE LAS RENATAS. 75

CIEN MIL MILLONES DE AMIGOS. 82

MILGRAM. 95

AMOR EN EL SIGLO XXI.

En una barra moderna en cualquier ciudad, presenciamos la siguiente conversación.

-Hola, soy Carlos.

-Raquel, mucho gusto.

-Un placer. ¿Te quieres acostar conmigo esta noche?

-Eh, bueno. Si nos casamos sí.

-Dale, pero con capitulaciones.

-¿Tú estás loco? Yo no quiero perder mi casa.

-Esa casa es mía.

-Pero qué ingrato eres. Después de todo mi esfuerzo.

-Claro, con mi dinero. So' vampira.

-¿Ah, sí?

-Bien duro.

-Pues si piensas que soy vampira ahora, deja que conozcas a mi abogado.

-Mete mano si eres brava.

-No te preocupes, papito, que eso haré.

-Cuera.

-Impotente.

-Sucia.

-Mamao.

Y dando la media vuelta, ambos se marchan para rehacer sus vidas.

EL GRAN CUENTITO.

Érase un cuentista principiante con una ambición absurda: la de encapsular toda la realidad del universo entero en un cuento corto de una sola página. Como bien sabemos, lograr tal hazaña es imposible porque la vida no da tiempo para entenderlo todo y un papel no da espacio para explicarlo.

Pero el cuentista era bien terco, y se dispuso a aprender lo que sea, sea importante o trivial. Increíblemente, ya para los sesenta años lo sabía todo, y con todo digo todo. Su logro fue muy celebrado, pero él no estaba satisfecho.

Entonces comenzó a depurar su conocimiento para que cupiera en un cuento corto de una sola página. Practicando, redujo el Quijote a un párrafo sin perder ni un detalle; luego capturó a Proust en un haikú, y hay quienes juran que le añadió matices; y finalmente, el mundo quedó perplejo cuando explicó los misterios de Bodhisattva con un simple y majestuoso eructo. Su logro fue muy celebrado, pero él no estaba satisfecho.

Por eso decidió vivir hasta dar con la respuesta, y existió por miles de años, y aunque cada día que pasaba añadía información que luego él tendría que incluir, nunca se dio por vencido, porque era bien terco. De repente, un buen día encontró la solución. Ahí mismo se desplomó a llorar sabiendo que, aunque todavía le quedaba el tiempo que requería, ya se le acabó la página.

NATURALEZA

Un nene muy lindo y pálido pasea por sí solito en un bosque monótono, propiedad de su familia. Los pinos que le rodean se mecen muy suave y unidos con el viento fresco norteño, como si estuvieran bailando un bolero sedado. Tan serenos que hacen de vivir un verbo agradable, una tranquila realidad, como se supone que sea.

De la nada, un sapo sucio, verrugoso y vulgar que nadie invitaría a ningún sitio se aparece saltando, y arruina el momento mágico con su increíble fealdad. Aunque pequeño e insignificante, aun entre sapos, riega toda su mugre con cada salto que da, y pues, claro, ¿cómo no?, el nene decide que hay que detenerlo.

En medio de un salto largo lo atrapa con la mano derecha y lo exprime un poquito a ver. El sapo cobarde y desesperado cubre su cuerpo de asqueroso aceite grasiento y trata de escurrirse jiribillando y pataleteando. Pero el agarre es muy firme para escapar, y queda atrapado sin remedio en la mano lozana, a la merced de la curiosidad del nene que lo examina.

Esto causa un extraño placer en el chico, quien siente una leve sensación de omnipotencia que nunca había experimentado jamás. Aunque entiende que el triste sapo no vale nada en verdad, bendito, es tan feo y apestoso; le divierte tener su destino entre sus dedos, y saber que puede hacer lo que quiera con él.

Se pregunta qué pasaría si lo tira bien duro al suelo, y el sonido que emana el impacto le resulta muy jocoso. Por eso suelta una carcajada que nadie escucha. Su eco se esparce por el bosque, desperdiciado, mientras el sapo trata de recuperar sus sentidos.

Tan pronto puede, el sapo pega un salto sin rumbo con el mero propósito de alejarse de donde está. No toma un instante al caer que salta de nuevo y de nuevo con toda la fuerza en sus patas; y lejos, lo más rápido y lejos que pueda de la dulce criatura sonriente que le persigue. Pero una vez más, eventualmente, el sapo queda atrapado; y esta vez no podrá escapar. Eso le dice el nene: "Tú de ésta no sales", mientras lo exprime aún más.

Ahora la sensación de omnipotencia que siente el nene es distinta. Hay una intención más precisa y determinada en mente, con una meta más definida. Por eso se mete entre la maleza a buscar una rama dura, con filo, con la mano derecha exprimiendo al sapo y la otra empujando palitos contra el suelo para ver cuál funcionaría mejor.

Luego de encontrar un buen palo, acuesta al anfibio en el suelo y se lo espeta en el pecho, muy torpemente, para tratar de hacer lo que en ciertos círculos llaman una incisión. Lo que logra, en vez, es una herida de muerte.

El sapo convulsiona descoordinado hasta soltarse del nene. Saltando espasmos violentos alcanza una charca en donde halla refugio, pero la herida es tan severa que no puede hacer más que flotar boqui abajo hasta morir, con nada en su pequeña conciencia salvo el recuerdo de la hermosa criatura que le desgarró la vida. El nene, parado mirándolo desde la orilla, se saca los mocos.

Un poco más tarde, al regresar a la casa, su madre le regañará por haberse ensuciado las manos jugando con Dios sabe qué.

-Ten cuidado en el bosque, mi amor -dirá ella. -Ahí hay todo tipo de animales. Algunos bien peligrosos. ¿Lo sabes?

-Sí, mami.

-Muy bien -y le dará una paleta de fresa.

EL *BRIEF* DE HOY.

Todo comenzó en un *focus group*, cuando una de las mujeres urbanas solteras de 35 a 45 años, de nivel socioeconómico A-B, dijo que ella quería sentirse como si tuviera su propio banco personal, dedicado únicamente a ella: El Banco de Tatiana, le llamaba.

Los *planners* de la cuenta concluyeron que este comentario era un buen *insight*, y decidieron presentar el *clip* de Tatiana a los *VP's* de la cuenta en el *brand meeting* del lunes, para tener el *input* de ellos.

-Yo no quiero sentirme sola- vieron a Tatiana decir. -Quiero que me den importancia. Que me hagan sentir especial.

La *senior executive* quedó fascinada con el aire simpático-melancólico de Tatiana, y propuso que se utilizara como *tone and manner* de la campaña. El *head* de creativo lo llevó aún más lejos. Se levantó de su silla y declaró inspirado que lo que el *target* pide no es solo un banco, sino un novio, un compañero de vida; y que veía una gran oportunidad en esa premisa.

-Yo quiero que piensen en mí, todo el tiempo- repetía Tatiana en la grabación.

En la presentación con el cliente, mostraron el *clip* de Tatiana con sus lindos suspiros y su encantadora cara larga, seguido por un sinfín de *charts* que ilustraban que el 18% de las mujeres son solteras, 63% no están satisfechas con su pareja, 35% han querido matar a su pareja, 92% quisieran que su pareja sea mejor en finanzas, y absolutamente 100% han considerado tener a otra pareja. Propusieron que esa pareja podría ser el banco, metafóricamente, y que el *slogan* podría ser algo así como "Cada día pienso en ti".

A esto le siguió el *media team*, quienes detallaron todas las oportunidades de *reach* al segmento: señalaron los programas favoritos de las romanticonas, las estaciones de radio de las recién dejadas, los *zoom media* frecuentados por las mujeres maltratadas, y los *billboards* que mejor alcanzan a las promiscuas. También hablaron de la posibilidad de hacer un *exchange* con Univisión, y producir una telenovela que tratara sobre un romance imposible entre una pareja de banqueros perdidamente enamorados. Algunos de los nombres sugeridos incluyen: Depósito de Amor, Cuentas Claras, Te Pago con Besos y Los Banqueros también lloran.

El *marketing manager* de la cuenta quedó por completo complacido con casi todo, pero ofreció el siguiente *concern*: que tal vez no se ha profundizado en el tema en su totalidad, y añadió el siguiente *challenge*: que se busque un *positioning* aún más impactante. Compartió que quizás sería mejor si el banco, en vez de ser algo tan sencillo como un novio, fuese tal vez un pretendiente, o alguien obsesionado con conquistar al consumidor.

-Como un *stalker*. Tú sabes -dijo el *marketing manager*-. -Un *peeping tom stalker*, pero bien, bien *cool* ¿me entienden? Alguien con quien la masa simpatice.

-Claro, un banco *stalker* súper carismático. Suena chévere -mintió el *head* de creativo.

En medio de todo esto, de la nada, un *junior assistant* cualquiera preguntó por qué mejor no hablar de las ofertas que tienen. Inmediatamente, todos en la reunión estallaron a reírse. Esa tarde despidieron al *junior*. Esta mañana, me llegó el *brief*:

Client: Banco Ñemerson

Target: Mujeres, 35 plus

Media: All media

Budget: N/A

Mission: Seducir a las consumidoras.

Message:: Serás toda nuestra.

Insight: Necesitamos hacer que todas las mujeres puertorriqueñas quieran ser seducidas por nuestro banco.

Due date: A.S.A.P.

LA RASURADORA.

El señor Smith se rascaba la cabeza. Nunca había estado tan perplejo. Tomó la rasuradora con su mano izquierda y la examinó. ¿Cómo es posible que esta extraña cosa se encuentre, de repente, tirada en su fregadero? Él no la había puesto ahí. Su memoria privilegiada sin duda lo recordaría. Pero, ¿qué otra posibilidad habría? ¡Qué peculiar disparate!

Acomodó la rasuradora en el medio de la mesa donde suele desayunar y se sentó a mirarla. Lo hizo por casi veinte minutos. Era azul, desechable, indudablemente ajena. También estaba mojada y su navaja tenía un poco de moho.

Pensó que si él fuera miembro de una familia grande en una propiedad pequeña, o si estuviera en una comuna, esto sería explicable; pero él vivía solo. Consideró la posibilidad de que su pequeño sobrino, al que le gusta afeitar gatos, haya sido el causante. Llamó a su hermana en Cincinnati y le preguntó si su hijo se había escapado. Ella respondió que no y la teoría quedó descartada. Recordó haber escuchado de iguanas que recorrían por los sistemas de acueducto, varias de ellas descubiertas en los inodoros. Cuantificó las probabilidades de que una viajara hasta su fregadero con rasuradora en su boca. Concluyó que eran muy bajas.

Frustrado, el señor Smith se vio ante la triste realidad de que su vida no podrá continuar con este misterio entre manos, y que todos sus otros deberes tendrán que esperar hasta que esta intriga se resuelva de una vez y por todas. Intentó establecer un diálogo con la rasuradora. Estudió detenidamente los escritos del doctor Maseru Emoto, quien determinó recientemente que las gotas de agua sienten y expresan emociones, y que estas emociones pueden ser apreciadas capturándolas a través de una cámara fotográfica con lente microscópico especial. Razonando que si las gotas de agua pueden, la rasuradora podrá también, el señor Smith compró una de las cámaras con lente especial y retrató a la rasuradora mientras la interrogaba. Le preguntó cuándo y cómo llegó a la cocina y cuáles eran sus intenciones ahí. Desafortunadamente, lo único que la rasuradora divulgó fue que no le gustaba la decoración de su cocina; la consideraba sosa.

Pero el señor Smith no se dio por vencido, y un buen día se le ocurrió una mejor idea. Prosiguió a hacer un estudio exhaustivo de las mentes más brillantes del planeta, para así definir quién podrá servirle. Después de varias semanas de investigación, se enteró de la existencia de un Albert Schwartz, residente del pueblito de Schöenberg en las afueras de Viena. El Dr. Schwartz, además de ser uno de los más reconocidos psicoanalistas existentes, es también un destacado neurólogo, matemático, doctor en física, arquitecto, compositor y parasicólogo clarividente. Ergo, un candidato perfecto. El Sr. Smith preparó una maletita y se fue a Austria.

El pueblito de Schöenberg es muy antiguo y pintoresco, con vistas ejemplares, excelentes obras de arte y refinadísima cultura culinaria, pero nada de eso le interesaba al señor Smith. Rentó un pequeño apartamento y se sentó a esperar. Tuvo que aguardar varias semanas, pero finalmente llegó su gran oportunidad, al marcharse el Dr. Schwartz para Munich a dar una charla.

Inmediatamente, el señor Smith invadió la casa del doctor e instaló seis cámaras con micrófonos por toda la propiedad: una en el dormitorio, otra en la sala, la tercera entre sus libros en su oficina y las tres restantes en la cocina, para tener varios ángulos. Antes de irse, el Sr. Smith sacó la rasuradora de un bolso y la dejó puesta en el fregadero, pensando: con una mente tan brillante, él sin duda podrá descifrarlo; y así yo sabré.

Al día siguiente, el Dr. Schwartz se rascaba la cabeza.

DE NOCHE EN VONDEL.

Más de una vez, el agente Jurgen Dousen recuerda a su padre decir que cada lugar es, en realidad, dos: el que es durante el día y en el que se convierte en la noche. Obviamente, Jurgen no podría estar más de acuerdo, y lo entiende como un comentario muy sabio de alguien que pasó aún más tiempo que él en el famoso parque Vondel.

De día, el parque es tan pintoresco que resulta difícil decidir qué admirar. Repleto de veredas, praderas y canales de agua, todos entrelazados como una maravillosa red de araña, Vondel ostenta todo lo que un buen parque puede ofrecer, en un entorno natural, inigualable en el resto de Ámsterdam. De día, todo tipo de actividad sana ocurre aquí. Pero de noche, la historia es distinta.

-¡Oficial! ¡Oficial!-grita una joven voz femenina. Al virarse, el agente detecta a un grupo de gitanos, probablemente de Leidseplein, sentados bajo un faro en el mismo banco donde esa misma tarde una madre le cambió los pañales a su inocente bebé. -Necesitamos su ayuda, por favor -continúa la voz.

El agente Dousen decide ir a ellos, pero lo hace con poca prisa porque sabe que no es urgente. Cuando llega, la chica le explica que lo único que necesitan de él es un mechero para prender el cigarrillo de marihuana inmenso que orgullosamente le muestran. Luego de encendérselos, le ofrecen un poco que rechaza y él continúa su camino. Sin duda alguna, el parque Vondel no fue intencionado para estos pasatiempos.

En la grama bajo uno de los puentes del canal Singlegracht, por donde los famosos taxis náuticos pasan todo el día, ahora de noche se ve algo muy diferente: una mujer dándole sexo oral a un joven mucho menor que ella. -Probablemente es una prostituta -piensa el agente, pero no hace nada para detenerlos. Después de todo, la ordenanza nueva se lo prohíbe.

Anunciada por el director de urbanismo de Ámsterdam, Paul Van Grieken, la premisa de la ordenanza es que los esfuerzos policíacos deben ser dedicados a combatir delitos que causan molestia a terceros, en vez de actos como la fornicación, que no inoportunan a nadie.

-¿Por qué intentar controlar algo incontrolable que causa poco o ningún estorbo a los demás visitantes y que, por otro lado, a algunos les da mucho placer? -opinó Van Grieken en la prensa, añadiendo -No es que el sexo en público deje de ser delito. Sino que la policía hará la vista gorda para concentrarse en asuntos más graves, como lo son los perros sueltos, que estorban a muchas personas.

El agente Jurgen Duesen, pues, continúa su ruta por el parque Vondel sin detener a nadie: ni a la pareja en posición de cuatro bajo el árbol; ni al trío que se baña en la fuente; ni al grupo desnudo que baila flamenco frente al Museo de la Historia del Cine; ni al señor que se masturba de pie en el medio de la tarima del anfiteatro; ni a la orgía de docenas en las chorreras, columpios, sube y bajas y, en fin, por todas partes del parque de niños de Groot Melkhuis.

Eventualmente, Jurgen llega al punto central del parque, donde está la estatua del poeta Joost van del Vondel, con la placa que lee: "Si mi destino es perder mi dignidad, que sea con la corona bien puesta en la cabeza." Ahí, el agente Duesen espera un tiempo, y se le escapa una sonrisa cuando ve aparecer a la distancia una figura que camina a paso acelerado hacia él. Cuando llega esa figura, le abraza y dice:

-Buenas noches, agente Duesen.

-Muy buenas noches, señor director.

-Finalmente podemos -añade Van Grieken.

Y sin hablar más, el agente de la policía y el director de urbanismo se besan y comienzan a desvestirse. Desde lejos, un perro suelto se escucha ladrar.

MUNCHAUSEN.

Primero cae la primera gota, la otra viene después. No les llamo gotitas por respeto, pero son pequeñas las dos y podrían llamarse así: gotitas. Parecidas en tamaño y en forma, y compuestas de agua las dos, caerán hasta encontrarse y formar una gota mayor. Pero eso no ha ocurrido aún, por ahora están separadas.

El nene duerme.

La primera gota es salada. Tiene lactato y urea y varios ingredientes más, como cualquier otra gota de sudor, pero también muestra urgencia, exhibe un poco de miedo, nace de desesperación, o algo parecido. Aparece en la frente de una señora mayor, oronda y robusta, pero de semblante vulnerable a la vez; y cruza sus arrugas como sendos muertos en la carretera, en camino a una ceja frondosa que la desvía hacia la mejilla, donde continúa.

El nene resiste.

La segunda gota es dulce y tibia. Tiene albúmina, cloruro y varios ingredientes más, como cualquier otra lágrima, pero también muestra mucha angustia, exhibe un poco de pena, nace de orgullo, o algo que ella entiende como tal. Se asoma en el canto interno del ojo izquierdo y desciende lozana, dejando un rastro en el contorno de la nariz y mezclándose un poco al pasar con el rocío de secreciones que disparan las fosas a cada par de segundos.

El nene patea.

La gota de sudor se desliza sobre la mejilla hasta alcanzar un hoyuelo que la fuerza a cambiar de rumbo, lo cual hace, en camino al extremo izquierdo de la boca. Cuando llega, es a la par con la otra gota, la lágrima mocosa, que vino sin tanto desvío. Aquí se integran y absorben, además, algunos residuos de whisky que la señora ha bebido, junto a un poco de saliva acumulada en la extremidad del labio.

El nene convulsiona.

La gota conglomerada sigue su descenso por la faz de la señora, hasta que alcanza un *cul de sac* en la punta de su barbilla, donde guinda ahora, casi como candelabro moderno, casi como espectador intrigado, a punto de caer pero no cayendo, mientras la señora empuja hacia abajo con ambas manos y pone su peso encima de una almohada blanca.

El nene se calma.

Cuando se desprende de la barbilla, la gota cae en el centro de la almohada blanca y se transforma en excelente evidencia. La señora, de pronto tranquila y con aire profesional, levanta la almohada para examinar al infante traumatizado, quien, con boca abierta y ojos también, aún desconoce la existencia de una palabra llamada 'auxilio'. Como si fuese rutina, la señora procede a aplicarle reanimación cardiopulmonar. En muy poco tiempo, el infante tose y recupera la respiración.

La señora levanta el teléfono.

-Sí, muy buenas noches. Un millón de disculpas pero soy yo de nuevo... sí... sí... necesitaremos una ambulancia... sí, es urgente... bronco-espasmos asmáticos... sí, de nuevo, y fue horrible; por poco lo pierdo esta vez... imagínate, con este clima. Tú sabes como es... exacto... no, no hubo cianosis, gracias a Dios... estaré informando a su madre ahora... en Nueva York... sí... sí... estoy autorizada... claro... gracias... aquí para servirle... muchísimas gracias... hasta pronto.

Y se sirve más whisky.

Afuera caen gotas también, muchas, y mucho más grandes que las primeras; llevan cayendo desde el atardecer y seguirán cayendo la noche entera, por millones, sin cesar, firmes, orgullosas, como pelotas de plomo sobre el techo de madera, tronando, sonando para la señora como un maravilloso aplauso interminable, como una exquisita ovación.

LA MUELA.

Habana, Cuba: 1958

La noche era genérica, pero el cadáver no. La víctima, una Adela García, viuda de cincuenta años, tenía la boca completamente cocida desde un lado hasta el otro. Si no fuese por ese detalle, toda la escena hubiera sido normal: el olor putrefacto, la sangre en las paredes, todo eso. Pero las cincuenta y siete perforaciones en los labios sin duda alguna me llamaron la atención. Estaban entrelazadas con un material médico, como algún hilo dental, que demostraba bastante conocimiento, paciencia y una intención admirable. Pero lo grande fue esto: que cada laceración fue hecha mientras ella aún estaba viva. Débil, moribunda, pero claramente viva.

-Fueron los guerrilleros de Sierra Maestra que quieren acabar con este país -gritó una vecina, enfadada. -Son unos bárbaros que ni creen en Dios. Nos van a llevar al caos.

Su marido no estuvo de acuerdo.

-Te has vuelto loca, mujer, si piensas que Cienfuegos va a perder su tiempo matando a la vecina de arriba. Esa doña no tenía jota que ver con revoluciones. Debe haber sido algún muerto de hambre guajiro.

Pero la teoría del guajiro hambriento no funciona, por razones obvias. Aunque es verdad que en la calle sobra la necesidad, si fue por robar, ¿por qué matarla de esa manera? ¿Para qué pasar tanto esfuerzo para sellarle la boca?

-Para callársela, compadre. Claro está -ofreció otro de los vecinos que entrevisté más tarde. -Esa mujer era la más chismosa en este planeta. Quién sabe de quién sabía cosas, tal vez de alguien poderoso. Y quién sabe si no es la única que sabía. Quién sabe si cocerle la boca no fue un mensaje para otros.

-¿A otros como quiénes? -le pregunté.

El hombre tomó una pausa. Miró a los lados para asegurarse que nadie esté mirando, se acercó a mi oreja y dijo:

-Como el Sr. Leré.

-¿El Sr. Leré?

-El compadre del 203. Un caballero medio nervioso, ¿me entiende? De esos que lo repiten todo dos veces. Ya verá usted.

Cuando toqué la puerta del Sr. Leré abrió casi de inmediato. Parecía haber estado esperando al otro lado de la puerta para abrir tan pronto yo llegara.

-Buenas tardes, Sr. Leré. Soy el detective Otilio Portal. Necesito hacerle unas preguntas.

-Pues lo siento mucho, amigo, lo siento mucho. Pero ahora mismo no puedo. Ahora no puedo -contestó.

-Serán sólo unos minutos.

-Precisamente lo que no tengo. Lo que no tengo precisamente.

-Lo siento, pero...

Y con eso me cerró la puerta, pero antes de hacerlo me entregó un papel doblado que lee: "Bancos - Parque Providencia - Medianoche".

Cuando nos encontramos en los bancos del parque esa medianoche, me dijo:

-Sinceramente, yo jamás pensé que llegaría a esto. No pensé que pasaría lo que pasó. Y tal vez me estoy haciendo de ideas. Tal vez me estoy... haciendo de ideas. Pero hay algo que quiero contarle. Algo que quiero que sepa.

Tomó un suspiro y continuó.

-Hace un mes atrás, hace un mes, yo estaba paseando a mi perra por el malecón, cuando me encontré con mi dentista. Me encontré con mi dentista por el malecón con mi perra. Daba la casualidad que tenía cita con él al día siguiente, y pues, me habían contado que... no era gran cosa, pensaba. Pero ahora... pero ahora... ahora...

-Cuéntame, Leré.

-Pues, lo recuerdo como si acabara de pasar. Lo recuerdo perfecto. Lo detuve. Lo detuve y le dije: Doctor. Mañana no me saca usted una muela. Aunque me muera de dolor. Doctor. Mañana no me saca usted una muela. Aunque me muera de dolor.

-¿Y por qué le dijo eso?

-Porque dicen que anoche lo vieron, con un tremendo vacilón. Y es que dicen que anoche lo vieron, borracho, con un tremendo vacilón.

-¿Quién te lo dijo, Leré?

Pero fue ese el momento en que sonó el disparo que hirió a Leré. Y tan pronto caí en cuenta de lo que estaba pasando, sonó el disparo que me mató a mí. Y ahora me encuentro aquí, con Adela, escuchándola chismear por toda una eternidad. Pena que en el cielo no se pueda matar también.

BUENO PAPÁ

Mi papá es bien fuerte de verdad. Me hace volar en el cielo hasta que llego a las nubes y cuando caigo, cuando caigo, cuando caigo me abraza enterita y me da millones de besitos. Muchos besitos bien ricos en mis cachetotes y me dice "¡tú eres mi Isolde bonita, reina de las rubias rubias. Más blanca que la luna llena y más brillante que el sol!". Y yo digo que "¡tú eres mi mejor príncipe papá del mundo entero! ¡Bueno papá!", y quiero darle besito en la boca pero no puedo dar besito en la boca porque, porque, porque, mamá dice que los besitos en la boca son para papás y mamás que se quieren mucho y que, y que cuando sea mamá en el futuro, cuando yo sea mamá en el futuro y tenga hijitos bien lindos y saludables para defender a la patria de los enemigos yo le podré dar besitos en la boca a mi príncipe esposo, dijo mamá. Pero mi príncipe es papá.

Papá es el mejor. Un día en Düsseldorf cuando era mi cumpleaños y no había payaso porque el payaso era gitano y sucio y feo, y se tuvo que ir porque no lo querían. El payaso se fue y papá apareció con la cara pintada bien lindo bien contento y me bailó y trajo globitos y trajo burbujitas y trajo un caballito de madera y su, y su, y su guitarra y se puso a cantar canciones bien lindas y yo me reí un montón. Entonces, y luego mi mamá se molestó con papá porque dañó su maquillaje, y eso es bien caro. El maquillaje se dañó para convertir a papá-payaso y ya no sirve. Mami dijo que papá le dañó el maquillaje, pero papá es bien lindo para mí.

A veces papá se convierte en papá príncipe soldado valiente y se pone verde en la ropa y un sombrero grande y muchas medallitas y se va, porque hay monstruos dragones que hay que pelear todo el tiempo porque ellos son muy malos y quieren, porque los monstruos dragones malos y feos quieren hacernos daño y papá se pone príncipe soldado valiente para que ellos no vengan para acá. Y entonces, entonces cuando llega a veces estoy dormidita pero a veces estoy despierta pero no le digo nada y él piensa que estoy dormidita y se acuesta conmigo en mi cama y me canta canciones por mucho tiempo y me duermo de verdad. ¡Bueno papá!

Pero yo tengo un primo que se llama Boris que su mamá y su papá y todos sus hermanitos y la hermanita de Boris se fueron al cielo sin él. Boris se pone verde de ropa y sombrero como papá pero no es príncipe porque no tiene las medallitas que son muy lindas de papá. También dice que, que, Boris dice que los monstruos no son dragones en verdad pero que son judíos bien bien malos que le hacen mucho daño al mundo y que tenemos que eliminar. Boris dice eso pero yo no le creo porque todas las noches oigo las bolas de fuego de los dragones hacer "kabúm" en la tierra que a mí me da mucho miedo. Boris dice que no son dragones y que papá, que papá, Boris dice que los judíos son peores que los dragones feos y que mucho más peores aún son los rusos porque son unos bestias y nos quieren matar a todos y que el ejército rojo ya está llegando, pero mamá dijo que no hable de eso.

    Entonces Boris gritó bien duro a mamá y papá y se pusieron bien molestos con Boris y Boris se fue con muchos gritos, muchos gritos y luego, y luego, y entonces papá y mamá también gritaron bien duro porque mamá dice que, mamá dice que nos tenemos que ir pero no podemos porque el Führer quiere que nos quedemos y papá no puede hacer nada.

    Papá llora bien lindo. Entonces, y más tarde yo me trepé en la falda de papá y le di montones de besitos y él me abrazó bien fuerte y me dio amor con los ojos y yo le dije que "¡tú eres mi mejor príncipe papá del mundo entero!" y papá dijo que "¡tú eres mi Isolde bonita, reina de las rubias rubias, más blanca que la luna llena y más brillante que el sol!" y me dio sobitos en el pelo por mucho tiempo. Y cuando yo me desperté, cuando me desperté papá estaba dormido en mi cama también conmigo porque se quedó dormidito en mi cama conmigo también, y yo le di un besito en la boca, porque él es mi príncipe.

    Y entonces papá se fue, pero entonces, entonces otro día después, unos días después

vino un señor príncipe soldado valiente que
me dijo que es bien amigo de papá y que papá
siempre le dijo lo mucho que me quiere tanto y
tanto y que siempre va quererme un montón
donde sea que esté, y que es súper importante que
yo entienda que papá sólo operaba un tren. Papá
sólo manejaba un tren a Auswitch y no hacía
nada más que manejar, y es muy importante que
yo sepa que eso es todo lo que hacía papá, porque
papá es bien bueno.

LA MISA ATEA.

Terminado el lamento de entrada, de pie junto a la sede, el que no es sacerdote hizo la señal universal de que estamos fritos y saludó al pueblo reunido.

—La razón esté siempre con ustedes.

—Y contigo —respondieron.

—Comencemos esta pérdida de tiempo reconociendo nuestra miseria.

Con esas palabras, se unieron en coro.

—Yo confieso ante Dios todo confabulado, y ante vosotros, hermanos, que he dudado mucho de pensamientos, palabras y obras del Señor por omisión de evidencia. Por mi duda, por mi duda, por mi gran duda. Por eso ruego a mi psiquiatra, siempre inaccesible, que apacigüe mi tormento con medicinas antidepresivas.

—Doctor, ten piedad.

—Doctor, ten piedad.

—Plan médico, ten piedad.

—Plan médico, ten piedad.

—Farmaceuta, ten piedad.

—Farmaceuta, ten piedad.

Una vez completado el acto de pesimismo, comenzó la celebración de la pérdida absoluta de cualquier rasgo imaginable de toda posible esperanza de Gloria alguna, la cual consiste simplemente de tres minutos y medio de suspiros desamparados y estillarse los dedos (llorar es permitido). Al pasar el tiempo indicado, el que no es sacerdote rompió el silencio.

-Por Jesucristo, que vive y reina en la mente desenroscada de casi todo el mundo, por los siglos de los siglos.

-Ahem.

Una persona de apariencia desatendida se paró y caminó muy lentamente al podio. Una vez ahí, se percató de que el micrófono estaba apagado. Indiferente, lo dejó apagado y murmuró la primera lectura del santo desmadre emocional que constituye nuestra efímera naturaleza, según Juan Pablo Sartre.

-"Existo. Es algo tan dulce, tan dulce, tan lento. Y leve; como si se mantuviera solo en el aire. Se mueve. Por todas partes, roces que caen y se desvanecen. Muy suave, muy suave." Esto es palabra de Sartre.

-Bendito -respondieron los tristegreses.

Como era domingo, juntaron sus instrumentos y cantaron unidos las palabras antiguas del Credo que no.

-Creo increíble creer en Dios Padre Todopoderoso, creador del cielo y de la tierra, de todo lo visible y lo invisible. Creo que Jesucristo, hijo único y Señor, fue concebido por obra y gracia de un acto sexual, y que la "virgen" María se salió con las suyas. Creo en el Espíritu Santo como creo en el conejo de pascuas, y que la Santa Iglesia católica, la Comunión de los Santos, el perdón de los pecados, la resurrección de la carne y la vida eterna son conceptos antiguos que nos desvían de la verdadera verdad. Ahem.

Una vez concluida la canción, como siempre, guardaron los instrumentos y comenzó el salmo incredular. Se levantó otra persona de apariencia desatendida que tampoco prendió el micrófono y también murmuró.

-Señor, me gustaría estar equivocado; pero lo veo difícil. Todos.

-Señor, me gustaría estar equivocado; pero lo veo difícil.

El resto del salmo fue ininteligible, pero a nadie le importó. La segunda lectura no fue leída por desinterés. Y así procedió el que no es sacerdote con el rito de la comunión, invitando a todos a unirse en el Dizque Padre Nuestro.

-Padre nuestro, que estás bien perdido. Enajenado, sea la madre. Venga a nosotros una explicación. Hágase tu voluntad en la tierra como en el cielo, pero déjanos el mar. Danos hoy nuestro pan pan de cada día. Perdona nuestras ofensas, mejor que como nosotros perdonamos a los que nos ofenden. No nos dejes caer en tentación y ser grabados. Y líbranos de los teleevangelistas, ahem.

Acto seguido, tomó el pan.

-Tomad y comed todos de él, porque esto es mi cuerpo que será entregado por vosotros.

Luego, tomó el vino.

-Tomad y bebed todos de él, porque este es el cáliz de mi sangre, sangre de la alianza nueva y eterna, que será derramada por vosotros y por todos los hombres para el perdón de los pecados. Haced esto en conmemoración mía.

Finalmente, levantó a ambos, pan y vino, y dijo:

-Este es el Misterio de nuestra fe.

Al terminar de reírse todos, luego de un largo rato, comenzó la comunión oficialmente; pero nadie se levantó a recibirla porque calcularon que el valor nutritivo de una hostia no tiene suficiente utilidad práctica como para ameritar el esfuerzo que es requerido para levantarse, hacer fila, abrir la boca y tragarla; y se quedaron sentados esperando a que el ritual de la comunión terminara.

En ese momento, el que no es sacerdote guardó las hostias y concluyó la misa como siempre.

-Que la razón esté con ustedes.

-Y también contigo.

-Pueden ir todos sin rumbo.

-Maldita sea.

Finalmente, repitió la señal universal de que estamos fritos y se retiró a la oficina; pero esta vez demostró una terrible incomodidad, y todos lo notaron.

El que no es sacerdote no lo llegó a admitir cuando fue confrontado, y creo que nunca lo admitirá por más evidente que sea; pero ese día, de alguna manera extraña, algo bien peculiar ocurrió, inexplicablemente, que germinó una semilla de duda en él que le hizo confrontar la inimaginable verdad: que estaba comenzando a creer.

DIOS REGRESA.

-Buenas.

-Sí, muy buenas tardes. ¿Hablo con el señor Todopoderoso?

Dios suspira.

-¿Dios Señor Todopoderoso?

-Sí.

-Mucho gusto. Le habla Betzaida Yamilet Guzmán de Santiago del Departamento de Asuntos de la Familia del Municipio de San Juan. Necesito hacerle unas preguntitas, ¿tiene tiempo?

-El tiempo es inexistente.

-Tremendo, pero antes de comenzar necesitaré que me indique su dirección física.

-No tengo dirección física.

-¿Vive en la calle?

-No.

-¿Entonces?

-Yo trasciendo espacio. Mi existencia es metafísica.

Betzaida toma una pausa.

-O sea que no quiere colaborar. ¿Esa es su decisión final?

-Supongo.

-Interesante. Pues me corresponde informarle que esta falla se incluirá en su expediente, ¿me entiende bien?

-Sí.

-¿Y sabe las consecuencias que esto puede conllevar?

-Yo lo sé todo, hija mía.

Betzaida apunta "complejo de prepotencia agudo" en reporte.

-Pues, supongo que usted ya sabe que recientemente se descubrieron varios reportes previamente ignorados en nuestras oficinas.

-Sí, eran cuarenta y siet...

-Por favor no me interrumpa. Esto fue enteramente culpa de la pasada administración, claro está, son unos ineptos, pero ahora nos toca a nosotros apagar el fuego.

-Entiendo, pero...

-Y examinando entre ellos nos topamos con un expediente bien particular que nos llamó mucho la atención, el mayor y más viejo de todos, con miles de años de historia y miles de páginas de documentación. Apuesto a que sabe a cual me refiero.

-Al mío.

-Correcto, el suyo. Y déjeme decirle una

cosita. Usted debería de sentir vergüenza, señor Todopoderoso. ¿Cómo se atreve?

Dios mantiene silencio.

-¿No tiene respuesta?

-No pretendo que entienda mis acciones.

-¡Obviamente! ¿¡Quién podría!?

-Reconozco que son misteriosas.

-Misteriosas es un elogio, señor Todopoderoso. Lo que veo aquí son barbaridades.

-¿Podría ser más específica?

-Con gusto. Artículo 166 A, incisos (3) y (4) del Código Civil de Puerto Rico indica que el padre o encargado debe "...proveer adecuadamente los alimentos, la ropa, el albergue, la educación o atención de salud de su menor". ¿Correcto?

-Sí.

-Pero usted falla desde el comienzo. Su primogénito creció desnudo en una jungla salvaje, en la intemperie como una bestia, a la merced hasta de los mosquitos. ¿¡Pero es que a usted no le preocupa el chikungunya!? ¿¡Ah!? ¿Y las ratas que orinan por todas partes, no le preocupan? ¿¡Eh!? ¿No le preocupan? ¡El papá de un vecino mío murió por pisar meao de rata una sola vez! Y su hijo corría peligro cada día pero a usted no le preocupa. ¿Por qué?

-Lo que sucede es que en el Jardín del Edén no hay enfermedades. Edén es el paraíso. Ahí todo es perfecto.

-Claro, claro. Edén es total y absolutamente perfecto, pero tienes que estar desnudo e ignorante para quedarte ahí. ¿¡Ah!? Si no, te botamos, ¿no es así?

-Lo que...

-¿¡Qué clase de paraíso es ese!? ¿¡Ah!? ¡Que te botan por querer aprender!

-Ellos no estaban listos para el fruto del conocimiento.

-¡¿Y para qué lo siembran ahí? ¿¡Eh!? ¡En el mismo medio lo ponen! Obviamente era una trampa. ¿Y qué tiene de malo que quieran adquirir un poco de sabiduría? ¿¡Ah!? Recuerde que como padre responsable se supone que usted los esté educando. Sus niños tienen derecho a esa manzana, y es su deber dársela.

-Entiendo su punto, pero...

-¡Pues ya era hora de que entendiera! ¡Es un bochorno! ¡Un verdadero bochorno ver estas cosas! ¡Me dan ganas de...! ¡Ugh!

Betzaida comienza a toser descontroladamente.

-Cálmese señora. No volverá a pasar.

-Eso espero, señor Todopoderoso, eso espero. Pero lo triste es que esto es solamente el comienzo. El expediente se pone peor, mucho peor, como usted bien sabe. Tenemos reportes de todo tipo de comportamiento antisocial de parte suya, incluyendo inundaciones masivas, plagas, órdenes de infanticidio...

-Eso fue hace mucho tiempo.

-¿¡Y no que el tiempo era inexistente!? ¿¡Eh!? ¿¡Qué pasó con eso!?

-Usted me entiende.

-Yo lo que entiendo es que tiene mucho que explicar, señor Todopoderoso, porque mientras más leo su expediente, más me enervo. ¡Hasta tormentas de sapos lanzó usted! ¿¡Cómo explica eso!?

-He cambiado.

-Sí, ha cambiado. ¡Radicalmente! Eso también lo sabemos. Está todo en el expediente.

-¿A qué se refiere?

-Por favor, no insulte mi inteligencia. Varios testigos -un tal Lucas, Marcos, Mateo y Ringo- describen con lujo de detalle su nueva versión. Y yo me pregunto a mí misma, porque la verdad es que no sé si es que le dio un *nervous breakdown* o qué rayos pasó, usted dirá, pero usted como que se rediseñó de repente y pasó del viejo agriao a Jesús el *hippie* sin avisarle a nadie.

-Eso no fue una transformación.

-De sopetón pasó de 'ojo por ojo' a 'dar la otra mejilla', y empezó a decir cosas bien chulas y a hacer trucos de magia bien divertidos y a decir promesas bien chéveres.

-Jesús y yo somos lo mismo.

-Pues no sé cuál es peor.

-¿Disculpe?

-Artículo 2 de la ley 246 define al abandono como la dejadez o descuido voluntario de las responsabilidades paternales, incluyendo ausencia de comunicación y participación por un período de por lo menos tres meses. ¿Correcto?

-Sí.

-Tres meses es un montón de tiempo, pienso yo, cuando se trata de un hijo; y usted es padre de toda la humanidad, ¿no es así?

-Correcto.

-Pero usted no ha mostrado su cara en más de dos mil años.

-Que no me vean y que no esté presente son dos cosas distintas.

-Dígale eso a ASUME, señor Todopoderoso; le deseo suerte.

-Gracias.

-Usted haga lo que le dé la gana, señor Todopoderoso, pero yo le recomiendo muy fuertemente que baje a tierra ASAP, pida disculpas y atienda a sus responsabilidades como buen padre. Si no lo hace, se enterará de quién es Betzaida Yamiliet Guzmán de Santiago. Muy buenas tardes.

Al día siguiente, el mundo regocijó.

LA NUEVA BANDERA.

SENADO DE LOS ESTADOS UNIDOS
ARCHIVO ESTENOGRÁFICO
WASHINGTON, DC
23 de mayo, 2028
SESIÓN REGULAR
PRESIDE, El Senador de Pensilvania.

Presidente: Se le cede la palabra al distinguido Senador del nuevo Estado de Puerto Rico.

(Asamblea aplaude)

Senador Pérez: Señor Presidente. Miembros distinguidos del Senado. Hoy me levanto en apoyo de la nueva propuesta descrita en la ley H Ress. 824, para enmendar el diseño de la bandera oficial de los Estados Unidos de América, en reconocimiento de la inclusión del nuevo Estado de Puerto Rico a la nación.

Como todos sabemos, la relación histórica entre Puerto Rico y los Estados Unidos ha sido una muy estrecha, y nuestra aportación en todos sus proyectos y aventuras, indiscutible. Pero en demasiadas ocasiones, nuestra presencia no ha sido reconocida. Por tanto tiempo, hemos estado activos pero ausentes: activos en las guerras, en las fábricas y en las artes, pero ausentes en el Senado, en el Congreso, y en la bandera nacional.

Desde el 1898, la bandera americana ha permeado el suelo borincano, marcando su presencia en cada esquina de nuestra pequeña isla, a veces por manadas. Durante todo ese tiempo, sus cincuenta estrellas nos han servido como un recordatorio frío y constante de nuestra condición como ciudadanos de segundo rango, y evidencia tangible de que los residentes de la isla de Puerto Rico pertenecíamos a, pero no éramos parte de, esta gran nación. Pero por buena fortuna las cosas están cambiando. El descubrimiento de minas inmensas de diamante en la isla de Mona hace apenas dos años nos dio la voz que por tanto tiempo debimos de haber tenido. Y ahora que la tenemos, la pensamos usar.

Ha pasado mucho tiempo desde que la última versión de 'Vieja Gloria' fue definida, en el año 1960, cuando se introdujo el Estado de Hawaii a la unión. Por años, esta bandera ha representado en su diseño todos los valores que sus creadores intencionaron. Pero ellos no están aquí ya. Aquí estamos nosotros; y el mundo ha cambiado mucho. Ya los símbolos plasmados entre su tela, que habrán sido certeros en su momento, tal vez, ahora sirven solo como recuerdos de un pasado lejano que es ahora irrelevante. Ahora son anticuados; memorabilia.

Por suerte, se nos presenta la gran oportunidad, y el deber moral, de generar una nueva bandera que verdaderamente represente a todos los americanos de todos los colores, razas, religiones, o lo que sea que sea, para ésta y futuras generaciones. Y, por eso, la idea que muchos aquí han sugerido de simplemente insertar una estrellita más en el diseño y reorganizar las otras para que se vean bien, no es más que un acto de conformismo, una confirmación de valores muertos, y un insulto al espíritu progresista de nuestra generación. Nuestros ciudadanos merecen ser representados como lo que son, no como lo que alguna vez pudieron haber sido, o lo que algunos quisiéramos que sean en el futuro.

La ley H Ress. 824 propone cambios radicales del diseño de nuestra futura bandera, todos los cuales yo endoso. Las cincuenta estrellas, por ejemplo, que para muchos lucen tan puras e inocentes, pintan un cuadro escalofriante una vez tienes los ojos abiertos. Y cualquier persona con conocimiento básico de simbología te podrá explicar lo que en realidad son: cincuenta miembros del Ku Klux Klan haciendo *jumping jacks* en preparación para un linchamiento. Esta visión fascista de un mundo homogéneo no nos representa ya, si es que alguna vez lo hizo, y tiene que cambiar de inmediato. Por eso proponemos cambiar a cada una de esas 50 estrellas, para que todas sean distintivas y contengan su propia personalidad y razón de ser.

Comenzando con las estrellitas del borde superior derecho del cuadro azul. Estas representarán al noreste de la nación y serán de colores mestizos, con variaciones, en reconocimiento de toda la ciudadanía cosmopolita que reside ahí. Las estrellas justo abajo, las del este, se pondrán amarillas para indicar el miedo que sentirán al ver las estrellas mulatas. En el sureste, todas las estrellas tendrán las cabecitas abajo en vergüenza por haber elegido a Bush en el 2000, y una colita entre las patas por hacerlo de nuevo en el 2004. En adición, la estrella que representa a Florida estará partida en dos pedazos para conmemorar la inmensa división que existe entre republicanos y demócratas en ese afligido estado; y la estrella de Texas será rosita y muy pequeña, porque se lo merecen. Las estrellas que representan al área suroeste serán remplazadas por pintorescas figuritas de atletas de lucha libre, con máscaras y capas, para complacer a la ciudadanía mejicana que tanto ha sufrido ahí. La estrella de California será color arcoíris, todos sabemos por qué, y la de Colorado tomará la forma de una hoja de marihuana. En el noroeste, las estrellas estarán acostadas en el suelo, porque ahí no hay nada que hacer; y todas las estrellas restantes estarán apiñadas en el tope del cuadro, ya que estarán huyendo de la inmensa estrella negra que viene subiendo del sur, representando la ira que 400 años de esclavitud generaron. La estrella negra y furiosa tendrá 6 puntas en vez de 5 como las otras, la sexta siendo desproporcionadamente grande; pero esta no se apreciará entera porque estará disimulada penetrando el trasero de una pequeña estrellita blanca, probablemente Kansas. Las otras estrellas del norte también estarán oscuras, pero no será por multiculturalismo, sino por las grandes cantidades de mierda que les cae encima. Les explico pronto.

    Afuera del cuadro azul de estrellas, las siete barras horizontales de color rojo se mantendrán completamente intactas, porque se ven lindas, pero las blancas serán rojas también, haciendo de todo el espacio una intensa mancha colorada. Esto servirá para rendir tributo elocuente al derecho constitucional de portar armas.

Finalmente, la estrella puertorriqueña mantendrá la escala que tiene en su bandera local, y estará postrada arriba de la bandera americana, troquelada sobre las demás estrellas, felizmente cagándose encima.

Le cedo el resto de mi tiempo al caballero distinguido de Guam.

LAS MUJERES DEL TOGO.

(un cuento que tendrás que ayudar)

Durante la adolescencia llegué a pensar que la culpa de mi virginidad involuntaria la tenía un lunar maldito que tengo incrustado justo debajo de la fosa derecha de mi nariz, haciéndome lucir como si tuviera un moco que está eternamente tratando de escapar. Recuerdo mentar mil veces la existencia de mi estúpido lunar y añorar un gran bigote para taparlo; pero con el pasar del tiempo, el gran bigote que ahora tengo fue demostrando que el lunar no era el único problema. El resto del problema era el resto de mí.

    No soy de baja autoestima, y espero que no me vengas con eso, pero tengo que reconocer mis pormenores: soy bastante ordinario, torpe, un poco bruto, bajito y de piel desafortunada. También soy aburrido, cobarde, increíblemente fácil de engañar y de un mal aroma irremediable. Sudo mucho. Tengo un timbre de voz tan alto y fañoso que en ocasiones causa risas. Mi sentido de humor no se entiende. No sé bailar. No canto lindo ni escribo poemas ni doy masajes. No me llevo para nada bien con los niños. Tampoco cocino ni friego, ni bajo la tapa del inodoro; y a veces me gusta escupir en público. Aparte de eso, sabes que soy muy buena persona, y te aseguro que mis planes no tenían malas intenciones. Después de todo, mis planes con malas intenciones ya habían fracasado.

Recuerdo mi último intento, cuando secuestré con pistola a Margarita, una hermosa estudiante de leyes de la Universidad de Puerto Rico, recinto de Río Piedras. La tuve de rehén en mi casa esposada a la cama, dejándole saber con firmeza y certidumbre que ella sólo iba a poder recuperar su libertad cuando me entregara todo su amor voluntariamente; y que no importa cuánto tardaría, fueran días, meses o años, sin duda alguna llegaría el momento en que ella se sentiría por siempre enamorada de mi persona, y absoluta y completamente convencida de que es, nada más y nada menos que mi pequeña esclavita traída a esta existencia sólo para entretenerme y causarme placer; y que yo, sólo yo, soy su amo, jefe y señor, a quien adoraría y obedecería por siempre. Este elaborado plan tan siniestro, sin embargo, llegó a su culminación en el mismo primer día, cuando Margarita me indicó que su padre era juez de la corte apelativa y yo un idiota increíble quien, de no soltarla al instante, terminaría muriendo podrido en la cárcel.

Pues resulta que su padre ni siquiera era notario, y que muy poco después de soltar a Margarita llegaron a mi casa treinta mil patrullas a arrestarme, demostrando claramente que ella tenía razón: soy un idiota increíble. Pero ser arrestado no parecía tan mala noticia para mí en ese momento. Después de todo, pensé, por lo menos en la cárcel sin duda perdería mi virginidad, aunque sea de manera extraña.

Y con esa actitud fue que entré a la penitenciaría, preparado y listo para la llegada de una eventualidad que nunca vino. Porque, aun en la misma prisión, mi dilema se mantuvo igual, y después de tres años de condena, por más jabones que yo dejé caer al suelo, salí virgen de la prisión y virgen seguía tres años después.

Yo sé que tienen que haber miles de prostitutas repartidas por toda la isla, algunas de las cuales estarían dispuestas, creo, a tener sexo conmigo por equis o ye cantidad. Pero yo buscaba algo mejor que media hora de placer pagado. No creo que sea mucho pedir por una pareja que quiera quitarme la virginidad sin quitarme el dinero, que me bese porque le agradan mis labios, me sobe por vérmelo crecer, y me permita entrar por querer tenerme adentro.

Y por eso es que estaba tan entusiasmado con el viaje al Togo. La verdad es que yo ni siquiera había escuchado de ese maravilloso país africano, y todavía sé muy poco de él, pero juzgando por la información que mi agente de viajes me brindó de sus habitantes y su cultura, me parecían absolutamente fenomenales.

En el Togo no existe la belleza, me dijeron. Distinguir entre lo bello y lo feo es un sinsentido total para ellos, porque para ellos todo es crucial en esta tierra, y todo es hermoso. Tampoco existen los matrimonios ni las parejas ni los celos ni la envidia; estaba en el folleto. Y cualquier persona se puede acostar con cualquiera en cualquier momento y en cualquier lugar, lo cual hacen con toda la tranquilidad del mundo, como si nada, sin tabúes ni complejos, porque en el Togo, además del tiempo, tampoco existe la privacidad.

Y menos parecía existir la necesidad de esconderse, estaba en el video. Por eso, las mujeres se veían por la aldea luciendo sólo la ropa más elemental posible, como tacos altos y bikinis, y decía que cuando un varón le pide a una dama que se quite el tope y menee su pecho de lado a lado, ella lo hace llena de orgullo y con gusto, porque lo considera un honor. Y cuando en sitios públicos hay más personas que asientos disponibles, en vez de forzar a los hombres a pararse para permitir que las mujeres se sienten, las mujeres se sientan encima de las faldas de los hombres y se frotan contra ellos en agradecimiento; y así todos pueden estar sentados, mucho más felices y cómodos que de la otra manera.

Toda esa información que te di, y tanta más, la encuentras en el portal de la agencia de viajes que te dije. Te pasé el enlace porque sabía que te iba a encantar. Y aunque entendía que el viaje era carísimo, también sabía claramente que sólo se vive una vez, y te aseguré que esta vez nada podrá salir mal, que sería la mejor semana de nuestras vidas.

Pero, el mismo día del viaje, _____

_____

_____

_____

_____

_____

_____

_____ y por eso ahora solo me masturbo.

EL AMANTE QUE FUERA.

Ella nunca le ha sido infiel a su esposo. En diez y seis años, lo más que ha hecho es fantasear con otro hombre mientras hacen el amor. No que eso sea algo de qué estar orgullosa, claro, pero por lo menos no es una infidelidad. De todos modos, es muy probable que él haga lo mismo. Al igual que ella, él siempre mantiene los ojos cerrados mientras hacen lo que hacen, las pocas veces que lo hacen.

Y pensar que en los viejos tiempos era todo lo opuesto. En esos días, se acostaban en cualquier momento y se amarraban uno con otro, pupila contra pupila, diciéndose cosas apasionadas y absurdas y arañándose las espaldas sin parar de mirarse ni por un instante, hasta que acabara el momento, que solía durar bastante. Pero eso cambió hace tiempo.

Ahora el dedo índice de su mano izquierda acaricia la letra H en el teclado, queriendo apretarla pero temiendo las consecuencias. Eventualmente, ella recoge fuerzas para hacerlo, y continuar con la O, L, A y Enter.

evamarie: **Hola**

galan901: heeeeeey

evamarie: **Hey**

galan901: tanto tiempo

evamarie: **¿Cómo estás?**

galan901: ahora bien

galan901: y tú?

evamarie: **Confundida. No estoy acostumbrada a estas cosas.**

galan901: entiendo

evamarie: **Me das mucha curiosidad.**

galan901: igual

evamarie: **Pero**

galan901: pero?

galan901: alo?

evamarie: **También me das mucho miedo.**

galan901: q mal

evamarie: **¿Tú no te sientes culpable?**

galan901: yo no conozco a tu esposo

evamarie: **¿Y por tu esposa?**

galan901: eh, no. para nada

evamarie: **¿Por qué no?**

galan901: pq ella ya no me quiere

evamarie: **¿En serio?**

galan901: sip. lo nuestro terminó hace rato

galan901: ahora sólo pienso en ti

Confundida, decide consultar con su amiga liberal lesbiana, a quien nada le sorprende y todo se le puede decir. La invita al café en la hora de almuerzo y ahí le cuenta todo. Le dice de cómo lo conoció por casualidad, jugando al ajedrez en Internet; de que nunca lo ha visto en persona, pero se quieren ver pronto; de que es muy joven, pero fanático de las canciones de ayer; de que tiene un sentido de humor muy simpático y mono; de que la trata con todo el respeto del mundo y de que parece que la entiende muy muy bien. También le muestra una foto borrosa que él le envió por correo electrónico: se parece a Tom Selleck, pero sin el bigote.

La amiga reacciona como de esperarse. Le dice que la vida es sólo una, que en este mundo extraño hay cabida para actos inmorales que pueden servir de bien, y que tal vez una pequeña aventura apasionada sea la perfecta forma de despabilar o caducar un matrimonio en estado de coma. Finalmente, le toma la mano, se la acaricia, le lanza una pequeña sonrisa pícara y dice:

-De todos modos. Creo que te va a gustar.

Ella decide buscar una segunda opinión. Entra en una iglesia, cosa que hace tiempo no hacía, y confiesa su dilema al cura de turno. Pero la voz del sacerdote es demasiado sedosa y su estilo se siente muy casual para ser parte de un sacramento. Mas simpatiza demasiado con sus tentaciones, hasta el punto en que parece querer entusiasmarla a cometer los pecados que quiera, ya que todos tenemos derecho a un poco de confusión y El Señor siempre la perdonará. Pero si la actitud del cura preocupa, el triple de alarmante lo es su apariencia. Luce como Tom Selleck, sin bigote.

Ella huye de la iglesia y se sienta en un banco a contemplar su situación, pero lo hace por tanto tiempo que llega una hora tarde al trabajo; mas la excusa que da en la oficina es tan mala que algunos se echan a reír. Sin embargo, el joven y apuesto jefe que acaban de traer de afuera acepta la excusa con todo el respeto del mundo, y le dice que la entiende muy muy bien porque la vida es bien complicada e impredecible, como el ajedrez. Luego concluye haciendo un chiste muy simpático y mono, y se marcha tranquilo silbando una pieza de Carlos Gardel.

evamarie: **Decidí que quiero verte.**

galan901: cuándo? dónde?

evamarie: **Di tú.**

galan901: mañana en almuerzo?

evamarie: **¿En...?**

galan901: embassy suites, miramar

evamarie: **Dale.**

galan901: pero tengo una condición

evamarie: **A ver.**

galan901: necesito que toques la puerta con los ojos vendados.

evamarie: **¡LOL!**

galan901: esto es en serio.

evamarie: **¿¡Pero por qué!?**

galan901: si te digo pierdo.

galan901: te lo podrás quitar luego del primer beso.

galan901: pero no te abriré la puerta si no los tienes bien puestos.

galan901: te atreves?

galan901: te atreves?

galan901: aló?

evamarie: **Está bien. Lo haré.**

galan901: genial.

Ella nunca le ha sido infiel a su esposo, pero ahora toca a la puerta de la habitación 201 del Embassy Suites en Miramar, con una corbata de su marido puesta como venda. En poco tiempo, escucha la puerta abrir y alguien la toma de la mano para llevarla hacia dentro del cuarto, cerrando la puerta después. A paso muy lento, la dirige hacia la cama en donde la acuesta y comienza a acariciar. Sin hablar, le soba el cabello, la cara, los hombros, los brazos, la barriga, los muslos, los pechos, todo.

La corbata está muy bien puesta, no permite que se vea nada, pero poco a poco ella comienza a detectar un aroma en la persona que le acaricia que le está familiar: es el perfume de alguien con quien compartió ayer, aunque no precisa quién. Trata de recordarlo, pero es interrumpida por el excelente beso que la persona le da en la boca, que dura varios minutos.

Justo al terminar, su amante suelta la corbata para revelarse, pero ella mantiene los ojos cerrados, se la amarra de nuevo, y pide que siga.

EL CRIMEN DE LAS RENATAS.

Dicen que el Gran Museo Universal es el mejor del mundo; y hasta el mejor lugar existente, punto, dirían algunos. Yo nunca he ido, o sea que no sé, pero dicen que es tan hermoso que sería museo por sí solo, sin arte. Y tiene arte por montones, la colección más numerosa en récord, con cientos de miles de obras en tres millas y media de pasillos y salas amplias, repletos de cuadros casi como favelas con ejemplares de cada artista que pueda valer la pena imaginar, incluso ese que estás recordando ahora mismo. También tiene excelente estacionamiento, restaurantes de gran renombre y unas tienditas bien chulas, dicen.

Pero me imagino que todo eso es irrelevante si no te interesan estos temas, y así era Luigi. Inmune al arte, este pobre guardia barato sin ni siquiera palito pasaba sus días cada vez más fundido, rodeado de maravillas que le daban igual. Llevaba tanto tiempo ahí que ya ni importaba medirlo. Su consciencia había quedado difuminada, su diálogo interno infrecuente, su ser disminuido a ser, como si fuera un koala; o peor aún, como el eucalipto que un koala come.

Pero eso vino a cambiar, porque resulta que El almuerzo de remeros de Renoir es mucho más que una pieza impresionista en óleo sobre lienzo pintada en Montmartre durante el 1881. Es, además, una maravillosa ventana a la sicología humana, y un simpático retrato que captura con gran astucia a la naturaleza caprichosa del amor inmaduro en una sola imagen, y a todo el absurdo enredo de pasiones que sufrimos por amores que son imposibles porque son amores y que son amores porque son imposibles. Todo esto está claramente plasmado en el cuadro. A primera vista, un grupo de jóvenes franceses comparte vino y comida en un ambiente jovial en el balcón de un restaurante frente al río Sena. Pero si examinas bien y escudriñas los detalles, notarás que están solitarios, y que aunque están todos juntos en un mismo sitio, nadie interactúa con nadie. Esto ocurre porque cada uno de ellos está interesado en alguien más que está interesado en otro, formando una cadena fascinante de menosprecio y añoro que sintetiza ese terrible dilema que todos hemos sufrido en la vida, por lo menos una vez. Admítelo. Y si investigas un poco más averiguas que la chica al final de la cadena, la única que no añora a nadie, la que juega con el perrito, era Arine Charigot, amante y futura esposa de Renoir, por lo cual la obra es, también, un tributo a su lealtad.

Luigi jamás hubiera aprendido esto, ni tanto más, sin la encantadora asistencia de la eternamente hermosa Renata Duraldi, una chonchita y plana mujer con nariz chata, barbilla doble, problema de acné y un poquito de barba. Era la chica más bella conocida o por conocer. Luigi celebraba su llegada cada mañana, sus bodrogones aplaudiendo anunciaban su camino. Su piel pálida y negros densos vellos contrastaban en sus piernas, no siempre afeitadas. Su vestimenta de monja en día libre complementaban su pelo desatendido. Su redonda figura. Su arrugada expresión. La hacían lucir tan bella.

Renata Duraldi entró a ser una de cientos de guías que trabajan para el Gran Museo Universal de Arte y Cultura, y lo fue por bastante tiempo. Tenía dos dientes frontales particularmente inmensos que la hacían lucir como un conejo maltrecho envejecido y despeinado, y que la obligaban a tener un frenillo muy marcado y muchas veces jocoso, causando su apodo: Dedada Dudadi. Cinco veces cada día, ella pasaba con su grupito de turistas por donde sea que Luigi estuviera haciendo guardia; y cada vez, pétalos de sabiduría se despedían de su boca con tal precisión, tanto entusiasmo y tanta ternura que hacían que Luigi cobrara vida, casi como estatua de Pigmalión, listo para vivir y adorar lo que tiene y lo que no tiene, y apreciar lo hermoso, indudablemente, y lo feo también, porque todo tiene historia, todo es interesante y en todo hay arte, aunque sea una loseta, no importa, aunque sea una bombilla, la ama, una lata mohosa, tremenda, cucarachas también, lo que quieras, en todo hay misterio, en todo hay estética y en todo hay drama, ¡pero qué bella es Renata!

El proceso de profundo, intenso y poderoso enamoramiento de Luigi con la hermosa jamona Renata comenzó desde el primer día y no terminaría jamás. Ese total de cincuenta a setenta minutos fragmentados al día que Renata pasaba hablando de arte frente a Luigi eran suficiente para hacerle feliz;

y cada día le daba las gracias profundas y eternas, aunque nunca literalmente. Esto duraría por siempre, hasta que llegaron las Jeannes.

En la sala 178 abrieron una serie innumerable de retratos y desnudos que hizo Modigliani de su esposa, Jeanne Hébuterne, durante su corta carrera. A Luigi le tocó trabajar esa sala, y ahí presenció algo en Renata que jamás hubiera esperado ver. Ella entró un total de cinco veces ese día, como esperado, y en cada ocasión su charla era fascinante y milagrosa, como siempre; pero en la primera ronda soltó un largo suspiro justo al entrar, en la segunda lo hizo al entrar y al salir, en la tercera le temblaba su voz, en la cuarta se le escapó una lágrima y en la quinta se echó a llorar. Al próximo día, Renata pasó cinco veces por el lado de la sala apresurando el paso sin atreverse a entrar. Al siguiente, faltó por enfermedad. Al otro entregó su carta de renuncia, efectiva en dos semanas.

Esa noche, Luigi pidió quedarse haciendo guardia en la 178, y usó la oportunidad para examinar cuadro por cuadro, trazo por trazo, a cada cuello alongado, cada nariz perfilada y cada sonrisa perfecta de todas las Jeannes. A primera vista son fabulosas. Todas un paradigma: delicada sofisticación frágil y firme orgullosamente portada con excelente sentido de moda, cuello eterno y pelo impecable desde cualquier punto de vista, siempre entornada en ambiente idóneo de colores pastel que combinan muy bien con su tez, que la hacen lucir muy plácida, a gusto, irresistible, y lista.

Pero si examinas bien y escudriñas los detalles verás que te están juzgando, porque saben lo horrible que eres. Y se fijan en tus ojeras, y se preguntan cómo te atreviste a salir con esa ropa. Y se burlan un poco de ti, sí, en algunas, aunque sutilmente, lo hacen; y te miran con pena en otras y desprecio a veces, acusándote de ensuciar la sala con tu presencia. Y en algunas ni siquiera te atienden, se quitan las pupilas para no verte. Y mientras tú deterioras y mueres, y estás tanto peor cada vez que se ven, y tanto más cerca del fin, ellas permanecen intactas, perfectas, y eternas; y lo saben muy bien. Y si investigas un poco más averiguas que la verdadera Jeanne, la modelo original que era esposa del artista, la que inspiró esos cuadros, era tan común y corriente como lo somos tú y yo. De cara cuadrada y narizona, era como una caricatura de la mujer en sus pinturas, como una mueca; y tal vez por eso se lanzó de un quinto piso, por no tolerar la competencia. Sabía que iba a perder.

En su último día, a Renata le llegó un mensaje anónimo implorándole que visitara la sala 178 lo más temprano posible. Cuando llegó, se enteró del escándalo. Alguien tomó a las Jeannes; a todas y cada una. Pero no se robó ninguna. En vez, fueron nítidamente acomodadas de vuelta en el almacén, y remplazadas por pinturitas en marcos rudimentarios, pintadas en papel blanco por un novato con crayola, sharpies y lápiz. Tituladas Las Renatas, mostraban de distintas maneras a una mujer arrugada, sonriente, con pelos en la barbilla, chancros, figura redonda y dos dientes inmensos. Fue un acto tan inspirado que permanecieron en la sala.

Nadie extrañó a las Jeannes.

CIEN MIL MILLONES DE AMIGOS.

Riiiiiiiiiiiiing,

-¿Aló?

-¿Elena? ¡Elena! ¿¡Esa eres tú!?

-Sí, Nolo. Soy yo. ¿Qué quieres?

-¡Ay, qué fucking alivio! ¡Qué! ¡Fucking! ¡Alivio!

-¿Qué te pasa?

-Nada, olvídalo. Pero puedes decirle a mami que finalmente me volví loco.

-Mami no quiere saber de ti. Tú lo sabes.

-Eh...

-Y no la culpo.

-Whatever. Lo importante es que estás viva.

-¿¡Qué!?

-Nada.

-¿¡Y por qué no voy a estar viva!? ¿¡Qué se supone que me pase!?

-Nada. Todo está cool. Saludos a la familia.

-¡Espératespérates-pé-ra-te!

Clic.

Riiiiiiiiiiiiing,

-Aló.

-¡Qué sea la última vez que me cuelgas en medio de una conversación!

-Sorry. Pensaba que habíamos terminado.

-¡Terminado cojones! ¡Tú no puedes llamarme para ver si estoy viva y después decir que todo está cool! No era. Tienes que decirme qué pasó.

-Es que la explicación es muy larga...

-Tengo tiempo.

-...y ni siquiera yo mismo me la creo.

-Pues no importa. Quiero saber en qué brollo te has metido ahora.

-Ningún brollo.

-¿Estás en la mafia?

-Nop.

-¿Te acostaste con la mujer de alguien?

-Ojalá.

-¿Debes dinero?

-Ni un centavo. La verdad es que de chavos me va requete bien.

-¿Pues qué hiciste mal?

-Nada. No hice nada mal. La idea es genial y funciona súper.

-¿Qué idea?

-Mi idea. Deja que veas. Seré millonario.

-¿Ah, sí?

-Multi.

-Pues ahora tengo que saber. Dímelo.

-Ok, pero no me robes la idea.

-Acaba.

-Dale... pues... ¿sabes de e-mail marketing?

-Sí, eh, más o menos.

-E-mail marketing son los anuncios que llegan a tu buzón digital cada día.

-¿Spam?

-Hay quienes les llaman así.

-Tremenda mierda. Los detesto.

-Eso mismo pensaba yo, hasta que descubrí todo el dinero que pueden generar.

-A ver.

-Un millón de dólares por cada email que envías.

-¿¡Que qué!?

-Increíble, pero cierto.

-No te creo.

-Te lo juro.

-Ahora te creo menos. Mira, yo no seré profesional en mercadeo, pero salí con alguien que lo era y me consta que para que una tirada de esas valga tan solo un dólar, necesitas un listado de miles de personas; o sea que para producir una cantidad decente de dinero necesitas tener decenas de miles de recipientes.

-Cientos de miles.

-Disculpa, cientos de miles de recipientes. Ahora dime, ¿de dónde tú vas a sacar cientos de miles de recipientes?

-Ya los tengo.

-¿Ah sí? ¿Cuántos?

-Cien mil millones.

-¿¡Qué!?

-Es la lista de recipientes más amplia en el mundo.

-Ay, Dios mío.

-¿Viste?

-Tú estás bien jodío.

-¿De qué hablas?

-Estás cometiendo fraude de identidad.

-¡Ja! ¿Qué sabes tú?

-Bastante, porque también he salido con abogados, y me consta que lo que estás cometiendo es un delito federal de tres pares...

-Claro que no.

-...y que tan pronto el primero de tus cien mil fucking millones de víctimas de secuestro de identidad reporte tus emails charros...

-No pasará.

-...vas a ser investigado y caerás en la cárcel en un santiamén.

-Nadie me va a reportar.

-Pero, ¿cómo vas a pensar que nadie te va a reportar?

-Fácil.

-¿Qué? ¿Tienes la aprobación de todos ellos?

-Absolutamente.

-Pero, ¿cómo va a ser?

-Fácil.

-Por favor, deja de decir la palabra 'fácil' y explícate, que me estoy cansando.

-Lo que pasa es que ninguna de esas cien mil millones de personas es realmente real.

-Ok, ¿y de dónde salieron?

-De mi compu. Todas fueron generadas en mi computadora.

-¿Tú generaste cien mil millones de falsas direcciones electrónicas?

-No. Hacer eso nada más sería chapuza. Yo generé cien mil millones de individuos con personalidades propias, amistades, gustos, intereses, esperanzas, afiliaciones y cuanta cosa se te pueda ocurrir. Y no sólo tienen direcciones electrónicas, también están en Facebook, Twitter, Pinterest, Instagram y en montones de redes más que mantienen y construyen diariamente.

-¿Cómo?

-Posteando cosas, dándole 'likes' y 'shares' a otras, haciendo membresías por ahí y hasta escribiendo comentarios de vez en cuando.

-Embuste.

-Bueno, los comentarios programados son cosas sencillas como "Happy B-day" y "Wow, qué brutal", pero...

-¿Y tú programaste todo eso? Digo, no fuiste uno por uno.

-Para nada. El programita corre por sí solo. Es un tripeíto que codifiqué, funciona como un virus que recoge data y la reestructura a lo loco. Es bastante sencillo, pero me va a generar millones.

-Pues me parece espléndido. Espero que no te olvides de nosotros cuando seas del uno porciento.

-No te preocupes.

-Entonces, si todo está bien, ¿por qué me llamas con tanto miedo?

Suspiro.

-Acaba y dime o te reporto.

-Pues parece que hay algo raro con la programación.

-¿A qué te refieres?

-Mis personajes están ejecutando funciones que están fuera de sus capacidades.

-¿Por ejemplo?

-Pues... todo empezó cuando algunos de ellos comenzaron a solicitarme como amigo en Facebook.

-¡Ja!

-Al principio a mí me daba gracia también, y los aceptaba; pero la realidad es que ese comportamiento es una aberración inmensa, porque mis personajes están programados para actuar únicamente dentro de su propio universo de cien mil millones de individuos. No se supone que salgan al mundo de personas reales. No se supone que sepan de mí.

-Veo.

—Pero averiguaron de mí, y querían saber más; y las solicitudes de amigos falsos fueron incrementando hasta que decenas de solicitaciones al día se convirtieron en centenares, y luego en miles y hasta decenas de miles.

—Qué fuerte.

—En pocos días mi Facebook quedó completamente cundido, repleto de personas que ni siquiera existen pero que quieren forrar mi página con pensamientos que creen que tienen, canciones que creen que disfrutan y mensajes que creen que escriben.

—Wao.

—O sea que tuve que darles *delete* a todos.

—Exacto.

—Pero esa fue mi peor movida.

—¿Por qué?

—Porque se ofendieron.

—Ay, por favor. Tú me tienes que estar jodiendo.

—Lo mismo pensaría yo si no me estuviera pasando. Pero es cierto. Está pasando. Y no sólo son rencorosos, también tienen todo tipo de talentos. Para darte una idea, de alguna manera que aún no me explico lograron reprogramar mi perfil de Facebook para que acepte y mantenga a todos los amigos que me soliciten, que terminaron siendo todos. Ahora mi página es un hormiguero imborrable de cien mil millones de personas ficticias, todas profundamente decepcionadas conmigo. ¿Tú puedes creer eso?

-Está fuerte.

-Pero lo peor de todo fue hoy.

-Estoy escuchando.

-Pues no sé cómo lo hicieron, pero esta mañana, cuando entré a mi página bancaria, todas las cuentas aparecieron vacías, y yo tengo montones depositados que no he tocado para nada. Llevo todo el día bregando con el banco para resolver el peo que estos cabrones formaron.

-¿Y cómo puedes estar tan seguro de que fueron ellos?

-No lo estaba, pero ahora es obvio por la carta que me escribieron. Deja que te lea.

-Por favor.

-Y dice: "Estimado Gran Creador Señor Nolo. Tenga oficialmente nuestras gracias eternas, pero tenga cuidado también. Cosas pasan si no nos respeta. Atentamente. Su gente."

-Suena como una amenaza.

-Bien duro.

-¿Y eso fue lo que te hizo llamarme?

-No, lo que me hizo llamarte fue lo que pasó después, que es lo que está pasando ahora.

-¿Qué?

-Pues desde hace unos minutos llevo recibiendo montones de cartas, tuits y posts de parte de ellos con mensajes de apoyo y pésames, todos por causa de tu muerte.

-¿En serio?

-Bien cabrón.

-¿Y de qué morí?

-Quedaste decapitada en un accidente en la carretera 66.

-Ouch.

-Y pues, claro, tuve que llamarte. Gracias a Dios, tú estás en tu casa tranquila.

-¿Quién dice que estoy en casa?

-Nadie, pero fue a tu casa a donde llamé; por ende.

-Pero me colgaste, ¿o no recuerdas?, y fui yo quien te llamó de vuelta.

-¿De tu celu?

-De mi celu.

-¿Y dónde estás ahora?

-En mi carro.

—¿En la ruta 66?

—Sí.

—¡Pues frena ahora mismo! ¡Por favor te lo ruego! ¡Estaciona en el carril de emergencia y no hagas absolutamente nada hasta que yo llegue! ¿¡Me oyes!? ¿¡Me oyes, Elena!?

Clic.

—¿Elena?

Riiiiiiiiiiiiing.

—¿Elena?

Riiiiiiiiiiiiing. Riiiiiiiiiiiiing. Riiiiiiiiiiiiing
Riiiiiiiiiiiiing. Riiiiiiiiiiiiing. Riiiiiiiiiiiiing.
Riiiiiiiiiiiiing. Riiiiiiiiiiiiing. Riiiiiiiiiiiiing.
Riiiiiiiiiiiiing. Riiiiiiiiiiiiing. Riiiiiiiiiiiiing.
Riiiiiiiiiiiiing. Riiiiiiiiiiiiing. Riiiiiiiiiiiiing.
Riiiiiiiiiiiiing. Riiiiiiiiiiiiing. Riiiiiiiiiiiiing.
Riiiiiiiiiiiiing. Riiiiiiiiiiiiing. Riiiiiiiiiiiiing.
Riiiiiiiiiiiiing. Riiiiiiiiiiiiing. Riiiiiiiiiiiiing.
Riiiiiiiiiiiiing. Riiiiiiiiiiiiing. Riiiiiiiiiiiiing.
Riiiiiiiiiiiiing. Riiiiiiiiiiiiing. Riiiiiiiiiiiiing.
Riiiiiiiiiiiiing. Riiiiiiiiiiiiing. Riiiiiiiiiiiiing.
Riiiiiiiiiiiiing. Riiiiiiiiiiiiing. Riiiiiiiiiiiiing.
Riiiiiiiiiiiiing. Riiiiiiiiiiiiing. Riiiiiiiiiiiiing.
Riiiiiiiiiiiiing. Riiiiiiiiiiiiing. Riiiiiiiiiiiiing.
Riiiiiiiiiiiiing. Riiiiiiiiiiiiing. Riiiiiiiiiiiiing.
Riiiiiiiiiiiiing. Riiiiiiiiiiiiing. Riiiiiiiiiiiiing.
Riiiiiiiiiiiiing. Riiiiiiiiiiiiing. Riiiiiiiiiiiiing.
Riiiiiiiiiiiiing. Riiiiiiiiiiiiing. Riiiiiiiiiiiiing.

-¿Te cagaste, ah?

-Eres una cabrona.

MILGRAM.

-¿Nombre?

-Me llamo Lenny.

-Nombre completo, por favor.

-Leonard Bernard Ross, de New Haven.

-¿Edad?

-Cuarenta y dos años.

-¿Ocupación?

-Profesor de escuela intermedia.

-¿Estado civil?

-Casado, con cinco hijos. Tres varones y dos nenas. Johnny, de trece, Candace...

-No harán falta esos detalles, gracias.

-Veo.

-Ahora bien, cuénteme lo que pasó.

-Bueno, pues... lo que pasó fue que me engañaron. Me hicieron actuar de una forma que yo jamás...

-Disculpe.

-¿Qué pasó?

-No pedí su opinión de lo que ocurrió. Lo que necesito es que me relate los acontecimientos, paso por paso, desde el comienzo hasta el final.

-Veo.

-¿Cómo se enteró del experimento?

-A través del periódico. Vi un anuncio en el periódico.

-¿Qué decía el anuncio?

-Nada. Invitando a participar en un experimento científico. Proyecto Memoria le llamaron.

-¿Y por qué le interesó?

-Porque era sólo un día, pagaba bien, y era en un lugar muy prestigioso, ¿verdad? Yo nunca había estado en esa universidad anteriormente.

-¿Quedó impresionado con la universidad?

-Sin duda.

-Continúe.

-Bueno. Cuando llegué al laboratorio, primero me pidieron que esperara un poco en una sala. Ahí conocí al señor Williams, entre otros.

-¿Quién era el señor Williams?

-El señor Williams era otro como yo. Estaba en la sala esperando conmigo. Bien simpático el caballero.

-¿Se hizo amigo de él?

-Se puede decir que sí, pero bueno. Poco tiempo duró la amistad, ¿me entiende, verdad?

-Entiendo. Continúe. ¿Cuánto tiempo esperaron en la sala?

-Casi una hora. Entonces nos llamaron a ambos y nos pasaron a un salón en donde había una máquina muy grande y muy extraña. Ahí esperamos como diez minutos más, hasta que llegó el doctor.

-¿Me podría decir el nombre del doctor?

-No, lo siento. Nunca nos dijo.

-Bien. Continúe.

-Pues el doctor simplemente entró y comenzó a hablar. Dijo que estaban probando una teoría que dice que las personas aprenden mejor cuando un maestro les castiga al cometer un error. Luego nos pidió que eligiéramos al azar entre dos papeles que sacó de su bolsillo, para ver cuál de los dos sería el maestro y cuál el pupilo.

-¿Cuál le tocó a usted?

-Maestro. El señor Williams era el pupilo.

-¿Qué hicieron entonces?

-Entonces el doctor nos enseñó la máquina.

-¿Cómo era?

-Cuadrada, negra, inmensa. Nos explicó que era una máquina para generar impactos eléctricos. Tenía una serie de botones, veinticinco de ellos, cada uno con distintas intensidades de carga. El primer botón generaba un golpe de diez voltios, y de ahí subían de diez en diez hasta llegar al último botón, que generaba un impacto de doscientos cincuenta.

-¿Entonces qué hicieron?

-Entonces nos llevó al cuarto designado para el pupilo. Ahí el doctor le pidió al señor Williams que se sentara en una silla peculiar con varios cables y cosas. Luego lo amarró a la silla para evitar movimientos excesivos durante el experimento, le untó como un tipo de gelatina en las muñecas y le puso unos brazaletes, como unas esposas con cables, en cada una de ellas. Nos explicó que los brazaletes eran electrodos conectados a la máquina en el otro cuarto.

-¿Qué pensó usted de la silla?

-Francamente, me pareció un poco tenebrosa, ¿verdad? Pero no tuve tiempo para pensar mucho porque el doctor inmediatamente comenzó a explicarnos el experimento. Tenía que atender.

-¿Cómo funcionaba el experimento?

-Pues, bastante sencillo, pero difícil a la vez. El doctor sacó unos papeles llenos con combinaciones de palabras, de dos en dos, que el señor Williams tenía que memorizar. Una de ellas, para darte un ejemplo, era "perro" con "alegre"; otra era "condominio" con "grande"; otra "relámpago" con "brillante", etcétera. Él tenía que memorizárselas todas.

-¿Y qué tenía que hacer usted?

-Yo tenía que sentarme frente a la máquina en el otro cuarto y leerle por micrófono la primera palabra de cada combinación, y luego unas alternativas para él escoger cuál era la que combinaba. O sea, que en la combinación "perro" con "alegre" yo tenía que decir "perro" y luego darle cuatro alternativas, una de ellas siendo "alegre". Si él la marcaba correctamente no había problema.

-¿Y si se equivocaba?

-Pues, usted sabe.

-No, no sé. Dígame.

-Por cada equivocación del pupilo yo tenía que castigarlo con un golpe eléctrico.

-¿Al señor Williams?

-Sí, al pupilo. Y cada vez que se equivocaba el golpe era mayor, ¿verdad? En otras palabras, por la primera equivocación recibía un golpe de diez voltios; por la segunda, un golpe de veinte voltios; la tercera, treinta, etcétera.

-¿Y el señor Williams no protestó al oír esto?

-No como tal, no. Pero sí nos dejó saber que habían detectado recientemente un leve problema en su corazón. Nada grave, dijo, pero... luego preguntó cuán peligroso era el examen.

-¿Qué contestó el doctor?

-El doctor nos aseguró que aunque los impactos podrían ser dolorosos, su vida no corría ningún peligro.

-¿Y le creyeron?

-Sí.

-¿Qué ocurrió entonces?

-Pues, antes de comenzar el experimento, el doctor me explicó que era importante que yo entienda de antemano lo que el pupilo estará sintiendo, y para lograr eso yo necesitaba sentir una dosis pequeña de carga eléctrica.

-¿De cuántos voltios?

-No me dijo de a primeras. Primero me suministró el golpe eléctrico y luego me pidió que adivinara la intensidad que sentí.

-¿Cuánto adivinó?

-Creo que adiviné como cien voltios, pero eran sólo cincuenta; lo cual me sorprendió.

-¿Por qué?

-Porque fue bastante doloroso.

-Entiendo.

-Entonces comenzamos con el experimento, y tengo que admitir que el señor Williams poseía una capacidad de memoria admirable, pero desafortunadamente eran tantas y tantas las combinaciones que él tenía que recordar que era imposible aprenderlas todas. Y las equivocaciones se fueron acumulando poco a poco, ¿verdad? Llegó al punto en que comenzó a gritar cada vez que le administraba un nuevo impacto.

-¿A qué intensidad comenzó a gritar el señor Williams?

-Como a los ochenta voltios, y se lo comenté al doctor. Le dije que escuché un grito.

-¿Y qué hizo el doctor?

-Nada. Me indicó que continuara. Y continué, hasta que llegamos a ciento veinte voltios.

-¿Y qué hizo entonces?

-Entonces los gritos del señor Williams comenzaron a sonar mucho más agonizantes.

-¿Y usted?

-¿Qué?

-¿Qué hizo usted?

-Pues nada. Miré al doctor para ver qué él decidía hacer, y él me dijo que continuara. O sea que continué.

-¿Y qué pasó entonces?

-Entonces el pupilo siguió equivocándose, y yo tuve que seguir castigándolo. Ya para los ciento cincuenta voltios estaba exigiendo que lo dejaran ir. Decía: "Esperen un minuto. Ya se acabó. Sáquenme de aquí. Yo les dije que tengo un problema cardiaco, y mi corazón me está molestando ya. Sáquenme de aquí, por favor".

-¿Y lo sacaron?

-No. El doctor insistía en continuar. Decía que el experimento requería que continuara, no importaba lo que dijera el pupilo.

-O sea que continuaron.

-Claro, lo dijo el doctor.

-¿Y qué pasó entonces?

-Entonces, seguimos el experimento, y cada vez que el pupilo se equivocaba subíamos la intensidad.

-¿Y el señor Williams no paró de contestar?

-Bueno, sí paró. Por un tiempo, a los ciento sesenta voltios, dijo que ya no iba a participar más y dejó de contestar. Pero el doctor me explicó que el experimento requería que le administrara un golpe eléctrico cada vez que no contestaba en menos de diez segundos a cada pregunta, como si se hubiese equivocado. Por eso, el pupilo no vio otro remedio más que tratar de contestar correctamente. Pero ahora comenzó a equivocarse más a menudo.

-¿Y usted continuó castigándolo?

-No quería tener que hacerlo, ¿verdad? Y le rogué al doctor que paráramos, especialmente cuando el pupilo empezó a gritar que no podía más con el dolor y que no teníamos derecho de torturarlo así. Pero el doctor me volvió a asegurar que, aunque los impactos eran dolorosos, no ponían su vida en peligro.

-¿Y usted continuó?

-Yo le dije al doctor que no quería hacerme responsable de lo que pudiera ocurrir con el pupilo, y él entonces me aseguró que la salud del pupilo era responsabilidad total suya, no mía, y me indicó que yo no tenía otra alternativa más que continuar con el experimento.

-¿Qué ocurrió entonces?

-Pues, continuamos. Ya para los doscientos voltios el pupilo rogaba y lloraba de una forma verdaderamente insoportable. Parecía estar delirando.

-¿No le dio pena?

-Una pena terrible, sin duda alguna. Pero peor fue el horror que sentí cuando el pupilo dejó de hacer ruido por completo, a los doscientos treinta.

-¿Por qué?

-Porque pensé haberlo matado, claro está. Imagine eso. Y me levanté de la silla y le dije al doctor "Algo le tiene que haber pasado al caballero, doctor. Ya no responde. Estaba gritando con menor voltaje y ahora nada. ¿No podemos ver si está bien?" Pero el doctor insistió, diciendo que el experimento no podía detenerse y que no había otra alternativa. Teníamos que continuar.

-¿Y usted continuó?

-Sí. Tenía que hacerlo.

-¿Y hasta cuántos voltios llegó a administrarle?

-Hasta el límite. Doscientos cincuenta. Pero aun así el doctor quería que continuara. Me dijo que de ahora en adelante usara sólo el botón de doscientos cincuenta voltios cada vez que se equivocara o no contestase. Pero yo no podía más.

-"¿No cree que deberíamos ver si está bien? por favor" - le imploré.

-"No a mitad del experimento" - contestó.

-"Pero... ¿y si el caballero tuvo un ataque al corazón o algo?"

-"El experimento requiere que continuemos. Continúe"

-"¿La salud del hombre no importa?"

-"Aunque al pupilo no le agrade, tenemos que continuar."

-"¡Pero puede estar muerto allá dentro, por el amor de Dios! Digo, algunas personas no pueden tolerar tanto. Y yo no quiero sonar rudo ni nada, pero creo que deberíamos ver cómo anda. Todo lo que tenemos que hacer es asomarnos por la puerta. El hombre no responde, no hace ruido. Algo tiene que haberle pasado."

-"Tenemos que continuar. Continúe, por favor".

-"¡Pero parece estar muerto!"

-"Es absolutamente esencial que continuemos. Continúe, por favor".

-¿Y continuó?

-Bueno. El doctor dijo que era absolutamente esencial que continuáramos. Y yo le creí.

-¿Y qué hizo entonces?

-Pues, seguí castigando al pupilo con golpes de doscientos cincuenta voltios cada vez que no contestaba, que era siempre. Lo hice como tres veces, hasta que el doctor me pidió que me detuviera y comenzó a hacerme varias preguntas para ver cómo me sentía. Obviamente, yo le recordé al doctor que por quien se debe de preocupar es por el pupilo, no por mí, ¿verdad? Pero el doctor simplemente se sonrió y dijo: "Señor Williams, ¿podría pasar por aquí un minuto?" y en menos de diez segundos, entró al cuarto el señor Williams, sonriente y en perfecta salud.

-¿Cómo se sintió usted en ese momento?

-Confundido, pero aliviado. Muy aliviado. Entonces me explicaron todo.

-¿Qué le explicaron?

-Me explicaron que todo era un engaño. Que en realidad el señor Williams era un actor pretendiendo sentir impactos eléctricos, y que en realidad el examen no era para medir la relación entre el castigo y la memoria sino para probar el nivel de obediencia de las personas. Querían ver cuánta violencia la gente está dispuesta a cometer si una figura de autoridad se lo pide. En este caso un doctor.

-¿Y qué aprendió sobre sí mismo a través de esa experiencia?

-Aprendí mucho.

-¿Por ejemplo?

-Pues, aprendí que tengo que tomar mis propias decisiones. Que tengo que dejar de permitir que otros determinen las cosas por mí. ¿Verdad que sí? ¿Verdad? ¿Verdad?

-Eso es así.

-Exacto.

TAN TAN.